11e CAHIER VAUDOIS

CULTURE FRANÇAISE
et
CULTURE ALLEMANDE

par Louis Dumur

à Lausanne chez C. Tarin

1915

CULTURE FRANÇAISE

ET

CULTURE ALLEMANDE

11ᵉ CAHIER VAUDOIS

CULTURE FRANÇAISE

et

CULTURE ALLEMANDE

par LOUIS DUMUR

à Lausanne chez C. Tarin

1915

IMPRIMERIES RÉUNIES S. A. LAUSANNE.

CULTURE FRANÇAISE

ET

CULTURE ALLEMANDE

I

Qu'est-ce que la culture?

On fait, depuis quelques années, un usage abondant de ce mot, à tel point qu'on peut l'écrire de deux façons différentes, avec un c ou avec un k. Mais l'expression est plus vieille qu'on ne croit. Comme tant d'autres termes à la mode, exportés jadis de France, il nous revient de l'étranger, après un stage pendant lequel il s'est gonflé d'une signification nouvelle, que nos dictionnaires n'ont pas encore retenue, mais qui constitue son attrait actuel et lui confère sa valeur de néologisme intéressant.

Celui-ci nous revient d'Allemagne. C'est Kant, croyons-nous, qui le premier l'a sorti de la langue courante, où il était employé, comme en français, dans le sens propre de « travail de la terre » ou dans le sens figuré de « travail de l'esprit », et qui lui a donné celui de « civilisation » [1]. Gœthe et Schopenhauer l'ont repris ; il a enfin passé à Nietzsche, qui l'a singulièrement enrichi et où les écrivains français ont été le cueillir.

C'est donc chez Nietzsche qu'il convient de l'étudier, afin de pouvoir définir ce qu'il faut entendre par la culture, nous faire une idée claire de ce qu'est, de ce que représente exactement la culture.

* * *

L'Allemand, selon Nietzsche, n'est pas un être d'instinct ; c'est un élève studieux. Il n'a pas créé la civilisation moderne, et ne l'a, par conséquent, pas vécue. Il l'a reçue toute faite, à mesure qu'elle se formait de l'autre côté des Vosges et de l'autre côté des Alpes ; il s'y est adapté péniblement, souvent un siècle ou deux en retard, et ce n'est que tout récemment, par un effort d'application prodigieux, qu'il a réussi non à prendre les devants, mais à joindre le rang, où il marque le pas avec un orgueil enfantin et une visible gaucherie.

Aussi l'Allemand éprouve-t-il vis-à-vis du phénomène de la civilisation, dont il fait partie, mais qui lui reste en quelque sorte étranger, un sentiment complexe et quelque peu gêné. Pour voir clair en lui-même, il a donc été amené à dissocier les diverses

---

[1] « Wir sind im hohen Grade durch Kunst und Wissenschaft *kultiviert*, wir sind civilisiert bis zum überlästigen zu allerlei gesellschaftlicher Artigkeit und Anständigkeit. Aber uns schon für moralisiert zu halten, daran fehlt viel. » Kant, *Werke*, IV, 304.

notions contenues dans le mot de civilisation et qui, pour lui, correspondaient réellement à des choses différentes. C'est ainsi que, laissant au mot *die Civilisation* son sens général, celui même qu'il a en français, il en a distingué *die Gesittung*, ou affinement des mœurs, et surtout *die Bildung* et *die Kultur* [1].

La *Bildung* (formation) est l'ensemble des moyens dont dispose à un certain moment l'humanité pour vivre au mieux ; c'est notamment la maîtrise des sciences ; c'est tout ce qui sert aux individus et aux collectivités à établir leur prépondérance sur ceux qui ne détiennent la *Bildung* qu'à un moindre degré. Un homme *gebildet* est un homme qui a fait ses études et qui occupe dans la société une position matérielle ou morale en rapport avec cette éducation ; un pays *gebildet* est un pays où l'instruction est largement répandue et qui sait s'organiser de façon à mettre intelligemment en valeur les ressources de son sol et l'activité de ses habitants. L'Allemagne est un pays de haute *Bildung*.

[1] On n'est pas arrivé tout de suite aux précisions de Nietzsche ; on a beaucoup varié dans les définitions de ces termes. En voici deux exemples :

« *Kultur* heisst Uebung aller Kräfte auf den Zweck der völligen Freiheit, der völligen Unabhängigkeit von Allem, was nicht wir selbst, unser reines Selbst ist. » Fichte, *Werke*, VI, 86 ; 298.

« Die *Civilisation* ist die Vermenschlichung der Völker in ihrer äusseren Einrichtung und Gebräuchen und der darauf Bezug habenden innern Gesinnung. Die *Kultur* fügt jener äusseren Veredelung des gesellschaftlichen Zustandes noch den Betrieb der Wissenschaften und schönen Künste hinzu ; aber noch höher steht die *Bildung*. » W. v. Humboldt, *Kawisprache*, I, XXXVII.

Civilisation et *Kultur* ne remontent pas au delà du XVIIIe siècle ; *Bildung* est plus ancien.

Mais si les Allemands ont une *Bildung*, Nietzsche leur dénie une *Kultur* [1]. A la différence de la *Bildung*, la « culture » est l'ensemble des qualités qui distinguent une race et lui confèrent son caractère ; c'est, avant tout, dit Nietzsche, « l'unité du style artistique dans toutes les manifestations vitales d'un peuple » ; c'est le goût, la couleur, la forme, le tour donné aux choses et aux événements ; c'est la façon de considérer la vie, de lui mouler une apparence et de la vivre.

Kultur et *Bildung* peuvent ne pas coexister, mais toute vraie civilisation comporte une *Kultur* parallèlement à une *Bildung*. Nietzsche ne spécifie pas, il est vrai, que la culture puisse exister sans la *Bildung*, mais il n'a pas de phrases assez fortes pour affirmer que la *Bildung* peut se développer sans produire une culture. « Savoir beaucoup de choses et en avoir appris beaucoup, ce n'est ni un moyen nécessaire pour parvenir à la culture, ni une marque de cette culture, et, au besoin, cette science s'accorde au mieux avec le contraire de la culture, avec la barbarie, c'est-à-dire le manque de style ou le pêle-mêle chaotique de tous les styles [2]. »

L'exemple des Allemands, selon Nietzsche, est là pour le prouver : « C'est précisément dans ce pêle-

---

[1] Les passages où Nietzsche refuse toute culture aux Allemands sont innombrables et nous ne pouvons que renvoyer à son œuvre *passim*. On en trouvera cependant un particulièrement caractéristique dans *Considérations inactuelles, Etudes historiques*, § 10.

[2] *Considérations inactuelles, David Strauss*, § 1.

mêle chaotique de tous les styles que vit l'Allemand d'aujourd'hui. Comment se peut-il qu'il ne s'en aperçoive pas, malgré son savoir profond, comment fait-il pour se réjouir encore, de tout cœur, de sa *Bildung* actuelle ? Tout devrait pourtant l'instruire ; chaque regard jeté sur ses vêtements, son intérieur, sa maison, chaque promenade à travers les rues de ses villes, chaque visite dans ses magasins d'objets d'art et de mode ; dans ses relations sociales il devrait se rendre compte de l'origine de ses manières et de ses mouvements, avoir conscience des grotesques surcharges et des juxtapositions de tous les styles imaginables que l'on retrouve dans nos établissements d'art, parmi les joies que nous procurent nos concerts, nos théâtres et nos musées. L'Allemand amoncelle autour de lui les formes et les couleurs, les produits et les curiosités de tous les temps et de toutes les régions, et engendre ainsi ce modernisme bariolé qui semble venir d'un champ de foire et qu'à leur tour ses savants définissent et analysent pour y voir « ce qu'il y a de moderne en soi » ; et il demeure lui-même assis au milieu de ce chaos de tous les styles [1]. »

Telle est la différence entre la *Bildung* et la *Kultur*. En France, en Italie, où la marche de la civilisation a été plus longue, et où l'on a toujours eu le temps de se « cultiver » en même temps que l'on se

---

[1] *Considérations inactuelles, David Strauss*, § 1.

« formait », l'idée même de cette distinction n'avait
pu être conçue.

La culture, c'est le style, proclame donc Nietzsche
à peu près dans le même esprit où Buffon s'était écrié :
« Le style, c'est l'homme. » Or, le propre du style
étant d'être imité par ceux qui n'en ont pas, les Allemands se sont tournés vers les peuples qui possèdent
ou qui ont possédé une culture et la leur ont empruntée.

Quels sont ces peuples à culture élevée qui se sont
ainsi imposés aux Allemands ? C'est la Grèce antique, c'est la Rome impériale, c'est surtout la France,
celle des XVIe, XVIIe et XVIIIe siècles et celle d'aujourd'hui. « Jusqu'à présent, nous avons imité les
Français en toutes choses... Pour tout ce qui est la
forme, nous dépendons encore — et il faut que nous
dépendions — de Paris [1]. »

Est-ce une infériorité ? Oui, répond Nietzsche, qui,
au rebours de Humboldt [2], place la *Kultur* bien au-
dessus de la *Bildung*. Et il se lance à ce propos dans
des considérations des plus curieuses sur la guerre
de 1870. Sans doute, la *Bildung* allemande s'est
montrée à cette occasion supérieure à la *Bildung*
française, mais cette *Bildung*, malgré ses succès,
n'en est pas moins tout à fait négligeable. Ce qui a
vaincu, c'est « le savoir plus étendu des officiers

---

[1] *Considérations inactuelles, David Strauss*, § 1.

[2] Voir note 1, p. 7. Il convient d'ailleurs d'observer que par *Bildung*
Humboldt paraît entendre surtout la culture morale, tandis que sa *Kultur* se rapporterait plutôt à la *Bildung* nietzschéenne.

allemands, l'instruction plus grande des soldats allemands, la tactique militaire plus scientifique », c'est
« la supériorité du commandement, l'unité de vues
et l'obéissance de ceux qui étaient commandés, bref,
des éléments qui n'ont rien à voir avec la culture [1]...»

Et ce qui prouve qu'en réalité l'Allemagne n'a pas
été victorieuse, c'est que « la culture française continue à exister » et qu' « après comme avant la
guerre, l'Allemagne continue à dépendre d'elle ».
Pour un peu, en poussant plus loin la pensée de
Nietzsche, on en arriverait à regretter — ou, si l'on
est Allemand, à se féliciter — que la victoire de
l'Allemagne n'ait pas été plus complète et qu'elle
n'ait pas conquis entièrement la France, car alors sa
défaite eût été d'autant plus certaine et la culture
française aurait fini par l'absorber, comme autrefois
la culture gallo-romaine mangea et digéra les Bur-
gondes, les Goths et les Francs.

* * *

Telle est, résumée, la doctrine nietzschéenne sur
la culture.

A la lumière de cet aperçu, nous pourrons définir
à notre tour la culture. La culture, dirons-nous, c'est
une *civilisation créatrice*, ou, pour nous exprimer
en une formule moins brève, mais plus explicite, la
culture, c'est un mouvement civilisateur favorisant

---

[1] *Considérations inactuelles, David Strauss,* § 1.

la production dans tous les domaines ou dans un grand nombre de domaines de formes originales, d'idées nouvelles, de sentiments caractéristiques, pour aboutir à la création d'un vaste ensemble stylisé et cohérent, offrant d'une façon reconnaissable entre toutes le mode d'un peuple de vivre, d'envisager la vie et de l'exprimer par ses arts, par sa pensée, par ses métiers et par ses mœurs.

Ce qui distingue donc essentiellement la culture d'avec la *Bildung*, c'est qu'elle crée un ordre de choses qui n'existait pas avant elle. La culture ne se borne pas, comme la *Bildung*, à faire la somme des connaissances et des moyens techniques à une certaine époque, à les emmagasiner, à les collectionner et à les exploiter, elle forme quelque chose de nouveau, interroge, résoud et colore différemment la vie, apporte une autre note à la civilisation et lui découvre un aspect inédit.

Il ne suffit pas, pour qu'il y ait authentiquement culture, de telle ou telle de ces particularités de races ou de mœurs, comme en présentent toutes les régions du monde et qui font dire d'un pays, par le voyageur superficiel, qu'il est original. La spécialité ne constitue ni la culture, ni même un embryon de culture. Pour qu'on soit fondé à dire qu'il y a vraiment culture, il faut tout un ensemble, non de particularités, mais de caractérisations inhérentes qui, par un vaste jeu d'actions et de réactions réciproques, arrivent à former ce qu'on peut appeler, dans

le sens le plus étendu du mot, le style d'une époque,
d'un peuple, d'un pays.

Ce qui marque en outre l'existence d'une culture,
c'est qu'elle exerce autour d'elle une influence, por-
tant ceux sur qui elle s'exerce à l'imiter. Et on l'imite
précisément parce qu'elle apporte quelque chose qu'on
ne connaissait pas auparavant. Elle répand autour
d'elle comme une sorte de rayonnement, d'autant
plus vif, d'autant plus étendu, d'autant plus agissant
que la culture est elle-même plus puissante et plus
originale.

La culture a donc son *territoire propre*, celui où
elle naît et se développe, et ses régions annexes,
celles sur qui s'étend son influence, ses provinces
conquises, ses marches.

Ce qui détermine le territoire propre d'une culture,
ce n'est pas, quoi qu'on en pense, la nationalité. Une
culture n'est pas nécessairement délimitée par les
frontières mêmes du pays politique où elle a son
centre ; elle peut les dépasser, comme elle peut ne
pas les atteindre. La culture française, par exemple,
déborde et a presque toujours débordé les limites de
l'Etat français. Rousseau au XVIII siècle, Töpffer au
XIX, Verhaeren et Maeterlinck de nos jours en ont
été ou en sont encore d'indéniables éléments. L'Italie
du moyen-âge et de la Renaissance, l'Italie du ro·
mantisme aussi, était morcelée en Etats différents
qui se faisaient la guerre ; il existait cependant une
culture italienne. La culture espagnole englobe un

grand nombre de républiques sud-américaines. La culture anglo-saxonne s'étend sur d'immenses continents et sous des latitudes diverses. Par contre, la culture russe n'absorbe pas toutes les portions de l'empire des tsars ; d'importantes régions, qui, politiquement, sont russes, lui échappent et ressortissent à d'autres cultures. La Suisse, qui est pourtant une nation, appartient à trois cultures différentes.

Pas plus que la nationalité, la race ou la religion ne déterminent une culture. L'une et l'autre, sans doute, de même que le statut politique, peuvent avoir sur la culture une action modificatrice. Le catholicisme, l'islamisme, le bouddhisme n'ont pas manqué de marquer d'une empreinte plus ou moins commune les peuples qui ont adopté ces confessions ; mais ils n'ont pas déterminé, à proprement parler, leurs cultures respectives. Jamais on n'a vu une nation en tant que nation, une religion en tant que religion créer une école de peinture, une architecture, une littérature. L'art ogival, bien que mis au service du catholicisme, n'est pas né du catholicisme. Des pays tous également catholiques se sont vu influencer différemment par leur catholicisme, selon que ces pays s'appelaient l'Italie, l'Espagne ou les Flandres. Vélasquez n'aurait pu naître en Italie, non plus que Rubens en Espagne ; et qui se douterait, par exemple, que l'un des maîtres les plus caractéristiques de l'école flamande, le plus exubérant, le plus sensuel, le plus coloré, le plus flamand en un mot, était un protestant, Jordaens [1] ?

Il faut pourtant bien qu'il y ait quelque chose qui délimite le territoire propre d'une culture. Ce quelque chose existe en effet, et c'est la *langue*. Partout où il y a une culture, il y a aussi une langue, il n'y a qu'une langue, et cette culture s'étend aussi loin que la langue s'étend elle-même [2]. Ceci n'est pas vrai seulement pour les parties de la culture qui dépendent plus ou moins directement de la langue, la littérature, la philosophie, la science, les mœurs, mais, chose remarquable, pour celles également dont la

[1] La critique catholique belge a fait de sérieux efforts pour essayer d'établir que Jordaens n'est pas né protestant, mais qu'il s'est converti au protestantisme sur ses vieux jours. Cette thèse est bien invraisemblable. Au reste, Alvin, dans une notice du *Bulletin de l'Académie royale de Belgique* (1855), intitulée : *Le peintre Jordaens est-il né calviniste?* arrive à la conclusion que le peintre anversois est bien né de parents calvinistes et n'a jamais cessé de pratiquer la religion de ses pères. S'il est exact que, pendant toute la période active de sa vie, Jordaens se soit conformé aux formes extérieures prescrites par le concile de Trente, et s'il fit baptiser catholiques ses trois enfants, ce fut pour pouvoir exercer en toute sécurité sa profession et recevoir les commandes officielles qui le couvrirent d'or et de gloire. M. Max Rooses, dans son livre *Jacques Jordaens et ses œuvres* (Anvers, 1885), constate que le peintre fit de nombreux voyages en Hollande, motivés sans doute par le désir de communier avec les réformés. C'était alors chose fréquente de voir les protestants des provinces méridionales se joindre à leurs coreligionnaires du nord à l'occasion des fêtes religieuses. Ces relations avec la Hollande, ainsi que la communauté de religion venant, dans le cas de Jordaens, doubler la communauté de langue, ne font qu'appuyer l'idée que nous émettrons, que la culture flamande et la culture néerlandaise ne présentent pas entre elles de différences essentielles et qu'il y a lieu de les considérer comme une seule et même culture.

[2] Il ne s'agit toujours que du territoire propre d'une culture, et non pas des régions où celle-ci essaime par influence.

langue n'est pas l'instrument nécessaire, l'architecture, la sculpture, la peinture, la musique. Ce n'est pas là un fait démontré ou démontrable par le raisonnement, c'est un fait d'observation. On pourrait imaginer, — rien ne s'oppose en principe à ce qu'on imagine la production d'une culture *une* dans un territoire où se parlent des langues différentes ; mais le cas ne s'est encore jamais présenté. Toutes les cultures que nous connaissons, toutes les époques de culture qui nous apparaissent dans l'histoire ont toutes possédé cette unité de la langue, qui a été leur soutien, qui les a étendues au delà des frontières politiques jusqu'aux frontières linguistiques ou les a, au contraire, réduites en deçà de celles-là pour ne les pousser que jusqu'à ces dernières. Dans le même esprit où l'on a pu dire, comme je le rappelais plus haut : Le style c'est l'homme, on pourrait donc formuler également : La langue, c'est la culture. Et ce serait le cas de citer ici les deux vers de la trop célèbre chanson de Arndt, *Was ist des Deutschen Vaterland* :

> Partout où résonne la langue allemande,
> Là s'étend aussi la patrie allemande,

avec cette remarque obligée que ce qui est parfaitement faux pour la patrie devient tout à fait exact si l'on remplace le mot de patrie par celui de culture.

Il ne faudrait pas déduire de ce que je viens d'avancer que culture et langue soient la même chose, qu'à chaque territoire linguistique doive correspondre une culture et qu'à toute culture différente corresponde une langue propre. La langue n'est pas la culture et la culture n'est pas la langue[1]. S'il existe une culture arabe parallèlement à une langue arabe, il n'y a pas, il n'y a jamais eu de culture turque, bien

[1] Vouloir déterminer les rapports de cause à effet entre la langue et la culture serait une entreprise difficile, pour ne pas dire chimérique. La cause de la culture ou du plus ou moins de possibilité de culture doit être en dernier ressort la race, l'espèce, disons plutôt la conformation cérébrale, causée elle-même par les conditions géographiques climatériques, alimentaires, par la sélection darwinienne ou par son contraire, la mutation de de Vries. Les variations cérébrales doivent être à leur tour la cause des variations des langues. Mais en formant la langue, le cerveau crée en même temps l'instrument le plus actif de sa propre transformation, ainsi que de la fixation de sa variété. La différenciation des langues devient de la sorte le signe le plus manifeste de la différenciation des cerveaux. Les vertus de l'espèce se transposent dans la langue, qui imprime une mentalité commune à tous les individus soumis à sa force éducatrice, réussissant même à assimiler à l'espèce dont elle est l'organe jusqu'aux individus provenant d'espèces étrangères. Il y a alors, dans ce dernier cas, lutte plus ou moins vive, plus ou moins longue entre la race et la langue, mais où celle-ci finit toujours par rester victorieuse. Les Juifs forment une race très solide, avec de fortes traditions unificatrices, tant historiques et sociales que religieuses, mais ils ne possèdent pas de langue propre, car on ne peut compter pour telle l'hébreu, qui depuis deux mille ans n'est qu'une langue sacerdotale, non plus que le yiddisch, que ne parlent qu'une partie d'entre eux et qui n'est, au reste, que de l'allemand corrompu Aussi, depuis l'époque de l'hébreu, n'existe-t-il plus réellement de culture juive et les Juifs se partagent-ils, selon les langues qu'ils parlent, entre les diverses cultures actuelles du monde. Un Juif de langue française, quoique avec de notables spécifications juives, appartient bien à a mentalité française, un Juif de langue allemande à la mentalité germanique. Par contre, et nous en verrons plus loin des exemples, un fils ou un petit-fils d'immigré, provenant d'une race puissamment caractérisée et douée d'une forte culture, pourra résister encore à l'assimilation et présenter dans sa nouvelle langue les signes évidents de sa culture ancestrale.

qu'il y ait une langue turque. En revanche, à la langue grecque ont correspondu deux cultures distinc-
tes : la culture grecque antique[1] et la culture byzan-
tine.

II

Si maintenant nous considérons le territoire de
langue française, que, pour abréger, nous appellerons
la France, qu'y voyons-nous ?

A peine la langue commence-t-elle à se former et
à sortir des langes du latin, que nous assistons à
l'apparition d'une mentalité particulière, d'une tour-
nure d'esprit caractéristique, qui se traduit par mille
signes balbutiants encore, mais d'une originalité in-
déniable. Des mœurs curieuses et imprévues s'élabo-
rent ; un art inédit prend naissance ; une littérature
s'essaye et s'affirme. Tant avec les chansons de
geste, les mystères, les fabliaux, les farces et soties,
les romances et pastourelles des trouvères, qu'avec
la statuaire, la fresque, la peinture des primitifs, le
manuscrit à miniatures, l'orfèvrerie, le costume, ou
qu'avec les cours d'amour, les tournois, les usages

[1] Le grec, on le sait, n'était pas la langue des civilisations anciennes
du bassin de la mer Egée. Il leur fut apporté du nord par une race
barbare et sans culture. Il faudrait savoir ce qu'était ce grec barbare et
comment il a été modifié par la race civilisée qui l'adopta de gré ou
de force et qui en fit sortir, après une longue gestation, la culture
grecque antique. Ces interactions de la race sur la langue et de la langue
sur la race, tout en étant certaines, demeurent profondément mystérieuses. Mais cela n'enlève rien à ce principe de notre thèse, à savoir
que si la langue n'est pas la culture, elle en constitue tout au moins la
seule délimitation apparente.

de la chevalerie, nous nous trouvons en présence de tout un monde de sentiments nouveaux, d'impressions nouvelles, de vues nouvelles, de goûts et de plaisirs nouveaux, de passions, de joies et de douleurs nouvelles, dont l'antiquité n'avait eu aucune idée. Ce que l'on a appelé plus tard le moyen-âge naissait, se développait, évoluait en un tout cohérent et vivant, en une riche et incontestable culture, dont le point culminant fut ce merveilleux XIII° siècle, qui marqua une apothéose magnifique du génie français, en même temps qu'une époque de prospérité extraordinaire.

Cette période de culture, qui dans sa forme accomplie débute avec le XIe siècle, voit l'affranchissement des communes et la naissance de la bourgeoisie ; elle se répand avec force au dehors, fonde un royaume à Naples, un autre à Jérusalem, un autre en Espagne ; elle déborde sur l'Allemagne ; elle conquiert l'Angleterre, où elle importe sa langue, ses mœurs, ses institutions, son art ; par les croisades, où la France entraîne après elle tous les autres peuples de l'Europe, elle reprend le mouvement mondial des échanges, rompu depuis Rome ; elle fonde les universités et le parlement ; elle crée l'art ogival, dont les origines purement françaises sont maintenant nettement établies.

Cette première culture n'est pas morte d'épuisement naturel, ni ne s'est transformée par une évolution normale. Elle fut brutalement interrompue par la guerre fratricide de Cent Ans.

Une loi toute de circonstance, la loi salique[1], vint priver le petit-fils de Philippe le Bel, Edouard III, de ses droits légitimes au trône de France, et jeter Français et Anglais, qui dans leurs classes hautes et moyennes, les seules qui comptaient, étaient encore à peine différenciés, dans une rivalité sans merci. Cependant tout pouvait encore se réparer ; après un siècle de ruines et de misères sans nombre, Henri V, déjà maître des trois quarts de la France, avait été déclaré héritier du trône par le traité de Troyes, lorsque survint Jeanne d'Arc. Ce fut la fin. Les deux peuples, que tout destinait à n'en faire qu'un seul, qui aurait été non de culture anglaise, mais de culture française[2], se voyaient séparés pour tou-

[1] La coutume des Francs Saliens ne fut, au reste, invoquée que plus tard. C'est qu'en effet elle ne suffisait pas à débouter Edouard III, stipulant seulement l'inaptitude de la femme à succéder. Edouard III était fondé à se présenter comme le *virilis sexus* exigé par la loi. Il fallut, comme nous le disions, une décision spéciale ajoutant au principe de 1317, d'après lequel « une femme ne succède pas à la couronne de France », celui que « là où la mère n'a aucun droit le fils n'en a pas non plus ». Il est vrai que la supériorité du degré aurait été à l'avantage de la fille du Hutin, qui avait épousé le comte d'Evreux et qui eut un fils, depuis roi de Navarre, puis à celui de la postérité du roi de Castille, marié à l'aînée des filles de Philippe le Bel. A cela Edouard répondait que si d'aucun de ces deux côtés on ne faisait valoir des droits légitimes, ce fait ne devait point lui porter préjudice.

[2] Cela ne peut faire l'ombre d'un doute. Dès le dixième siècle, la noblesse anglaise avait coutume d'envoyer ses enfants en France dédaignant le saxon, qu'elle laissait au peuple. L'invasion du français précéda donc celle des Normands. Après la conquête, les deux langues subsistent côte à côte, le français pénétrant peu à peu le saxon, jusqu'à le convertir en franco-saxon, c'est-à-dire en anglais, qui lui-même aurait fini par perdre ses éléments saxons et par disparaître, même comme dialecte, si les rapports avec la France, au lieu de se rompre, étaient devenus plus étroits.

jours, en deux civilisations divergentes, souvent hos-
tiles, désormais irréductibles.

Il est difficile, ou plutôt il est facile de se repré-

Depuis la conquête jusqu'au règne d'Edouard III, la langue française
est seule employée dans les actes publics, et les plaidoiries se font
exclusivement en français jusqu'en 1362. Dans la collection des actes de
Rymer, les originaux sont presque tous en français ou en latin de
1101 à 1460. Il faut arriver à 1425 pour trouver le premier acte anglais
de la Chambre des Communes. Enfin, le Parlement de 1483 ayant rédigé
ses bills en anglais, son exemple fut suivi par les parlements qui lui
succédèrent. Dans la littérature en langue vulgaire elle-même, l'influence
française prédomine et elle imprègne jusqu'à l'œuvre d'un écrivain aussi
particulariste que Chaucer.

En art, même constatation. Les deux plus anciens monuments élevés
en Angleterre, le monastère de Wiremouth et la cathédrale d'Hexam,
furent construits par un architecte français au VIIe siècle, et il en fut
de même de tous les édifices religieux antérieurs au XIe siècle, ainsi que
le prouvent les documents qui ont permis en particulier d'établir que
les rois Alfred le Grand et Edouard le Confesseur appelèrent des archi-
tectes français, l'un pour bâtir la crypte de l'église de Canterbury,
l'autre pour jeter les fondations de l'abbaye de Westminster. Guillaume
le Conquérant ne fit que modifier cet état de choses en important l'art
roman. Quant à l'ogive, elle eut de suite un tel succès et le nombre des
édifices de style ogival devint bientôt si considérable que les archéo-
logues anglais s'imaginaient, il n'y a pas longtemps encore, que l'ogive
avait pris naissance dans l'île.

D'après le traité de Troyes, les deux royaumes devaient être gouvernés
« non divisément sous divers rois pour un même temps, mais sous une
même personne qui sera pour le temps roi et seigneur souverain de
l'un et l'autre royaume et gardant toutes autres lois et toutes autres
choses à l'un et à l'autre royaume, ses droits, libertés, coutumes, usages
et lois, non soumettant en quelque manière l'un desdits royaumes à
l'autre, ni les lois, droits, usages et coutumes de l'autre». Mais après
ce que nous venons de dire, on se rendra facilement compte que c'est la
France qui aurait pris le dessus. Les prétendants anglais faisaient d'ailleurs passer leur titre de roi de France avant celui de roi d'Angleterre,
comme le prouvent le cri du roi d'armes aux obsèques de Charl
« Dieu doint bonne vie à Henri, par la grâce de Dieu, roi de France et
d'Angleterre, notre souverain seigneur ! » et les ordonnances rendues
par Bedford pendant la minorité d'Henri VI, qui débutent toujours par
ces mots : » Henri, par la grâce de Dieu, roi de France et d'Angleterre. » Henri V portait les armes de France et d'Angleterre écartelées.

senter ce qui serait arrivé, si la fusion s'était opérée.
Rien n'aurait résisté à la force civilisatrice colossale
qu'aurait réalisée cet empire. Sans Jeanne d'Arc,
peut-on dire, il est presque certain que le monde
entier serait aujourd'hui acquis à la culture française.

* * *

Mais avec le naufrage de la culture médiévale, le
génie français n'avait pas sombré. Il allait revivre,
plus splendide, plus fécond encore, dans une nouvelle culture, toute différente, mais non moins originale, non moins créatrice que la précédente.

Cette seconde période de culture, que l'on peut appeler la culture classique, s'inaugure au XVI⁰ siècle,
par le mouvement brillant de la Renaissance. Le
tout puissant afflux gréco-latin qui lui donne le jour
peut sembler un moment devoir la submerger et faire
d'elle une culture de pastiche, de pure imitation,
c'est-à-dire l'opposé même d'une culture. Mais la
force créatrice française l'emporte ; le flot envahis-
seur la féconde sans l'engloutir. Loin de succomber
sous le poids du riche limon antique, la terre de
France s'en nourrit, se l'assimile, s'en fertilise abon-
damment et en fait surgir de nouvelles moissons qui
montent et se dorent au riant soleil de la Touraine
ou ondulent plaisamment au doux zéphyr des rives
de la Seine. Quelque imprégnés qu'ils soient de l'antiquité, des hommes comme Marot, Ronsard, Rabe-

lais, Montaigne, en diffèrent cependant profondément. Ils sont français, bien plus qu'ils ne sont latins ou grecs. Bien qu'ils se fussent réjouis à la pensée d'avoir un jour de tels successeurs, Socrate ni
Horace n'auraient pu les reconnaître comme leurs
exacts descendants. Ce sont des novateurs, ce sont
des créateurs, et la Renaissance qu'ils dominent,
toute gonflée du suc nourricier de la divine Grèce,
est bien un mouvement nouveau, prélude magique
d'une culture nouvelle.

Puis, c'est Malherbe, qui vient, Jean-Baptiste de ce
Messie littéraire qu'est Boileau, de ce Dieu qu'est
Racine. La langue se dépouille, se clarifie, acquiert
son bouquet et titre son degré. Le classicisme français
s'affirme et triomphe.

Mais ce mot malheureux de classicisme — malheureux parce qu'il est mal défini — peut prêter à des
confusions. Classicisme ne doit pas signifier, comme
d'aucuns le veulent, imitation d'un art que l'on considère comme parfait et que l'on s'impose comme modèle. Classicisme serait alors synonyme de décadence,
comme on l'a vu sous la période alexandrine où l'on
imitait les anciens, comme on l'a vu pour une portion
heureusement accessoire du XVIII⁰ siècle, où l'on
imitait la tragédie racinienne, comme on l'a vu aussi
pour ce qu'on a appelé le classicisme anglais, italien,
espagnol, où l'on imitait le XVII⁰ siècle français.
Classicisme ne saurait non plus désigner le point
d'épanouissement d'une culture, car alors nous de-

vrions qualifier de classique le XIII⁰ siècle français, de classique la période élisabéthaine anglaise, de classiques Dante et Pétrarque, de classiques Lope et Cervantès, de classique la peinture de la Renaissance italienne, de classique Rembrandt, de classique le XV⁰ siècle japonais, de classique jusqu'au romantisme lui-même. On devrait plutôt ne voir en ce terme ambigu de classicisme qu'un simple nom propre, désignant d'abord la culture ancienne de la Grèce, puis, mais par simple analogie, la culture latine d'une part et le XVII⁰ siècle français de l'autre, lequel ne forme pourtant que la période centrale d'une culture unique qui va de l'aube du XVI⁰ siècle au crépuscule du XVIII⁰ et que l'on ferait beaucoup mieux d'appeler globalement : la deuxième culture française.

Le classicisme français — puisque classicisme il y a — n'est pas plus que la Renaissance imitateur de l'antique, quoi qu'on puisse en penser sur une vue tout à fait superficielle. Sans doute, il lui emprunte volontiers ses sujets, ses thèmes, ses motifs, comme l'avait souvent fait la Renaissance, comme l'avait parfois fait aussi le moyen-âge. Mais il les recrée dans une ambiance de sentiments toute nouvelle, leur insuffle un esprit nouveau, leur confère un sens inédit, les fait participer de la vie même du siècle, dont ils ne sont plus qu'un des moyens d'expression. Que l'on considère les ouvrages les plus strictement classiques d'aspect, que l'on envisage les auteurs qui se sont le plus résolument tenus aux formes antiques, un Boileau, un La Bruyère, par exemple, on reconnaîtra aisément, dans le cadre gréco-latin qu'ils adoptent, la figure même de la France d'alors qu'ils dépeignent et qui les inspire. Il n'est pas jusqu'à un poète comme Racine, que, par la perfection de sa forme et sa dépendance en apparence exclusive de la Grèce, on serait tenté de prendre pour un disciple génial, mais docile de Sophocle, qui ne manifeste sa profonde originalité et sa mentalité vraiment française par sa conception de l'amour et la richesse de sa psychologie.

L'ancienne culture médiévale n'a d'ailleurs pas disparu sans laisser d'abondantes traces dans cette civilisation nouvelle. Elle aussi exerce son influence et vient se combiner de la plus curieuse façon avec les éléments rénovateurs mis en valeur par la Renaissance. C'est elle qui, refondue et retravaillée, constitue le meilleur fonds d'un Pascal, d'un Molière, d'un La Fontaine. C'est elle qui, sous le manteau à la Sénèque, anime la plus belle pièce de Corneille, *le Cid,* toute frémissante du sentiment de l'honneur féodal et de l'amour chevaleresque. C'est elle que l'on retrouvera, presque méconnaissable et pourtant certaine, dans le picaresque de Le Sage ou l'esprit de Voltaire. C'est elle qui, au milieu des élégances exquises d'un Watteau et d'un Fragonard, guidera le pinceau de Chardin.

Il y a lieu, au reste, de remarquer que la culture classique n'a guère touché le peuple, qui a passé presque sans la connaître de la première à la troisième culture, la culture romantique. Le dernier écrivain populaire avant les succès de la presse révolutionnaire et des premiers romantiques fut Rabelais, lui aussi tout imbu de l'ancienne culture. Les livres exportés dans les campagnes pendant le XVIIe et le XVIIIe siècle étaient des récits renouvelés de la littérature médiévale. Le peuple a ignoré les auteurs classiques, qui ignorèrent le peuple. Ceux-ci n'écrivaient que pour la cour et la riche bourgeoisie, ainsi que pour leurs confrères, artistes et gens de lettres, que les conditions économiques obligeaient à vivre dans ce milieu spécial. Les seuls qui pénétrèrent quelque peu jusqu'au peuple, La Fontaine et Molière, durent ce privilège à ce qu'ils conservaient de l'esprit du moyen-âge. Les chansons, mazarinades, farces de tréteaux et parades, qui faisaient la joie du populaire, n'avaient rien de classique. On peut dire que ce n'est qu'après coup, en plein XIXe siècle, et par les effets de l'instruction publique, que la France a appris le classicisme. Mais alors le classicisme avait perdu sa force de culture : ce n'était plus qu'une leçon, partant sans action réelle.

*   *   *

C'est qu'une nouvelle culture était née et l'avait remplacé, toute fraîche, toute jeune, toute bouillante d'ardeur, produit elle aussi de la violente gestation d'un grand bouleversement social. En même temps qu'il voyait mourir avec grâce une culture, le XVIIIe siècle en voyait naître une autre avec impétuosité.

Cette troisième culture française, la culture romantique, — encore un terme impropre, — n'est pas moins remarquable, pas moins riche, pas moins neuve, pas moins féconde et créatrice que ses aînées. Elle aussi, jette et répand sur le monde une étonnante semaille d'idées, de sentiments, de passions, de points de vue esthétiques, politiques, moraux, qui transforment la mentalité humaine et son champ d'action en même temps que son mode d'expression dans tous les domaines. Scientifiquement, artistiquement, socialement, elle est complète et, sur plusieurs points, incomparable. Elle a donné à la France sa plus belle école de peinture, sa plus riche poésie lyrique, son plus grand génie militaire; elle a fait d'elle la propagatrice des idées libératrices et démocratiques dans le monde et l'un des terrains d'élection des découvertes et des inventions qui paraissent être la caractéristique de la plus récente civilisation.

Contrairement à ce qui s'était passé pour les cultures précédentes, un homme a joué à l'origine de ce mouvement un rôle tout à fait prépondérant. Cet homme, c'est Jean-Jacques Rousseau. « Rousseau, dit un des plus bouillants contempteurs de cette troisième culture, M. Pierre Lasserre, Rousseau n'est pas, à l'égard du romantisme, un précurseur. Il est le romantisme intégral. Pas une théorie, pas un système, pas une forme de sensibilité ne revendiqueront par la suite la qualité de romantique ou ne la recevront, qui ne se trouvent recommandées ou autorisées par son œuvre. Rien dans le romantisme qui ne soit de Rousseau. Rien dans Rousseau qui ne soit romantique [1]. » Et Jules Lemaître, envisageant plus spécialement son action littéraire, déclare à son tour : « Chateaubriand, Mme de Staël, Senancour, Lamartine, Hugo, Musset, Sand, Michelet, telle est la descendance littéraire de Jean-Jacques [2].» C'est une belle postérité et, comme le disait le professeur Marc Monnier dans sa conférence à l'Aula de l'Université de Genève lors des fêtes du centenaire, en 1878 : « Voilà des enfants qui compensent amplement ceux qu'il a eu le plus grand tort de mettre aux Enfants trouvés ! »

Mais il ne suffit pas d'un homme de génie pour créer de toutes pièces un mouvement aussi formidable que celui qui transforma la société française à la fin du XVIIIe siècle, amassa la tempête révolutionnaire et gonfla la sève du printemps romantique. Quelque puissante qu'ait été la personnalité de Rousseau, elle se fût montrée incapable de réaliser un pareil miracle et se fût éteinte dans la stérilité de la mort, si elle n'avait pas correspondu par toutes ses fibres au sourd travail de renouveau qui se préparait. Rousseau fut avant tout l'homme de son époque, dont il allait devenir la plus retentissante voix.

[1] Pierre Lasserre : *Le Romantisme français.*
[2] Jules Lemaître : *Jean-Jacques Rousseau.*

Que le romantisme fût déjà en puissance au moment où Jean-Jacques trempait sa plume dans l'encrier d'où allait sortir la *Nouvelle Héloïse*, qui passe pour la première manifestation authentique du romantisme, plusieurs faits significatifs l'établissent. Sans céder à une erreur d'optique trop commune et sans remonter au moyen-âge, au XVIe siècle, à Shakespeare, qui n'ont rien de romantique, mais qui ont été romantisés, ce qui est bien différent, et pour nous en tenir au sens aujourd'hui suffisamment délimité qu'a pris le mot romantisme, cette modification dans les idées et les sentiments dont l'expression littéraire, en France, atteint son sommet en 1830, je crois qu'on en trouverait les prodromes dès le XVIIe siècle, dans les sous-courants de l'art, de la littérature et de la religion. M. Remy de Gourmont en relève déjà chez le poète Théophile. Mais c'est au premier tiers du XVIIIe siècle, en Angleterre, et au second, en France, que les signes se précisent. Car il y a encore lieu de remarquer que le romantisme est à la fois français et anglais et qu'il est le patrimoine commun de deux cultures parallèles.

La *Nouvelle Héloïse* est de 1760. Quarante ans plus tôt, en 1719, et trente ans avant le premier discours, paraît un livre dont un critique français a dit : « Ce fut un journal de voyage qui devint la lecture privilégiée d'un peuple de matelots et de voyageurs, tandis que la grandeur philosophique de la pensée, l'heureuse idée de placer l'homme seul dans la création, face à face avec Dieu, et ramené à la vertu par la solitude, dut exercer une séduction poétique sur tous les esprits. C'était déjà en germe la théorie de Jean-Jacques Rousseau, c'étaient les aspirations du XVIII⁰ siècle, corrompu et blasé, vers l'éternelle jeunesse de la nature [1]. » Ce livre est *Robinson Crusoé*. Douze ans après arrive Thomson et ses *Saisons*. En 1741, c'est Richardson avec *Paméla*, et, en 1751, avec *Clarisse Harlowe*, dont Rousseau adoptera la forme épistolaire. Les *Nuits* de Young sont de 1742; les *Méditations et Contemplations*, de Hervey, de 1746. Déjà à cette époque, l'architecte Kent a fait prévaloir le système des jardins anglais, bien que le style classique continue à se dessiner concurremment, même en Angleterre, jusqu'à la fin du siècle. En 1754, en France, le marquis de Marigny, frère de Mme de Pompadour, directeur des Beaux-Arts, encourage les tendances « au grand et à la vérité ». Au Salon de 1755, figure la *Lecture de la Bible*, de Greuze, et une *Tempête* de Vernet; 1757, le *Fils Naturel*, de Diderot; 1758, le *Père de famille*; 1759, le premier *Salon;* 1760 enfin, l'année même de la *Nouvelle Héloïse*, voit paraître les premiers chants d'Ossian.

Mais en voilà assez sur les origines littéraires et artistiques du romantisme. Nous en pourrions dire tout autant et de plus caractéristiques sur les origines du libéralisme politique et des idées révolutionnaires. Passons.

[1] Demogeot : *Histoire des littératures étrangères.*

Passons également sur tout le développement de cette troisième culture, passons sur Napoléon, sur Chénier, sur Chateaubriand, sur Lamartine, sur Hugo, sur Musset, passons sur Géricault et Delacroix, passons sur Lavoisier et sur tout l'admirable mouvement scientifique du XIXe siècle. Tout cela est très connu.

Ce qui l'est moins, ou plutôt ce qui peut prêter à des discussions, pour ne pas dire à des confusions, c'est ce qui a trait à l'évolution de cette culture. On a voulu faire du réalisme, par exemple, une réaction contre le romantisme, puis du symbolisme et de l'impressionnisme une réaction contre le réalisme. Réactions, soit : ce ne sont en fait que les fluctuations internes d'une seule et même culture. Pour qu'une culture se maintienne et demeure vivante, il est bien évident qu'elle doit évoluer et faire successivement apparaître les différents aspects dont elle est riche. Or, entre le romantisme proprement dit et le réalisme, on n'aperçoit pas de solution de continuité. Le réalisme est déjà dans Rousseau. De Victor Hugo à Balzac et de Balzac à Flaubert, la chaîne ne se brise nulle part. Verlaine descend de Musset par Baudelaire. Vernet prépare Corot, lequel annonce Monet. Il n'est pas jusqu'aux excentricités des soi-disant décadents, jusqu'aux recherches bizarres des pointillistes ou des cubistes, qui ne soient des émanations reconnaissables de l'esprit romantique.

Nous vivons donc encore sous le régime intellectuel

de cette troisième culture ; nous avons continué jusqu'à présent à la créer jour après jour, à en élaborer peu à peu la manière et le style. Où en sommes-nous maintenant ? Nul ne le sait. Nous trouvons-nous toujours au début de cette culture, vieille tout au plus d'un siècle et demi, au stade ascendant de son développement ? En avons-nous atteint le sommet ou en suivons-nous sans nous en douter le déclin ? Se meurt-elle peut-être ? Est-elle déjà morte ? L'avenir seul sera en mesure de répondre.

Certains signes avant-coureurs, disons plutôt certaines velléités, autour desquelles les jeunes gens font beaucoup de bruit, ont pu sembler, ces dernières années, apporter quelque présage nouveau. On a parlé de néo-classicisme, mot encore beaucoup plus vague et beaucoup plus absurde que les autres, surtout s'il s'agit, dans l'ambitieuse pensée de ses juvéniles champions, d'une véritable rénovation littéraire. Leurs œuvres en tout cas ne sauraient jusqu'ici donner à cet égard la plus petite indication. Sous prétexte de néo-classicisme, on les voit remettre en scène la sécheresse de Mérimée ou la correction de Vigny. D'autres, croyant à un réveil religieux, remontent à Chateaubriand, sinon jusqu'à ce Rousseau qu'ils font profession d'exécrer. D'autres, plus restrictifs encore, ne jurent que par Racine et rêvent d'une restauration de la tragédie. Leurs maîtres pourtant, ceux dont ils se réclament, les Lemaître, les Barrès, les Maurras, sont de purs romantiques, comme ils l'avouent parfois eux-mêmes dans leurs heures de franchise, et les meilleurs écrivains de la génération immédiatement contemporaine, un Claudel, un Verhaeren, un Maeterlinck, sont, non moins que leurs aînés, tout pénétrés du romantisme le plus authentique, bien que le plus moderne aussi. N'importe, nos jeunes gens prétendent fonder en regardant en arrière une tradition nouvelle. Respectons leur innocence. Quant aux peintres, eux, pris d'une ardeur régressive plus belle encore, ils ne sont satisfaits que s'ils sont remontés jusqu'aux primitifs, quand ce n'est pas jusqu'à l'art magdalénien des cavernes. Tout cela n'est pas très sérieux, mais il faut bien que les enfants s'amusent, et les enfants savent très bien se divertir en France.

* * *

Mais le signe que nous cherchons vainement chez les littérateurs et chez les artistes, ces précurseurs habituels de tout changement de culture, peut-être vient-il, ce signe si souvent annoncé et que nous étions las d'attendre, peut-être vient-il d'éclater soudainement à nos yeux.

Comme au XIVe siècle, comme à la fin du XVIIIe siècle, de nouveau un grand bouleversement vient de remuer jusqu'au plus profond de ses entrailles le sol généreux de la France. Sous l'effet du cataclysme effroyable déchaîné sur le monde par l'ambition d'une culture rivale, nous avons vu tout à coup sur-

gir et se dresser une France nouvelle, une France
que nous ne connaissions pas. En un jour, en une
heure, des couches mystérieuses du peuple est sorti
l'élan unanime qui a aussitôt recoulé comme dans
l'airain d'un bloc sans fissure l'âme même de la nation toute entière.

Ce qui s'est passé là, ce que nous voyons durer
depuis six mois n'est en rien comparable à ce qu'ont
vu, à ce qu'ont vécu nos prédécesseurs. Ni la fougue
enthousiaste des armées de la Révolution, ni l'épopée napoléonienne, ni les guerres théâtrales du second Empire, ni le désastre mélodramatique de 1870,
ni l'insurrection idéaliste de la Commune, — autant
de produits incontestables de la mentalité romantique, — ne sauraient être rappelés au souvenir par
les événements auxquels nous assistons. Le contact
entre ce passé et ce présent n'existe plus.

Qui nous eût dit qu'au lieu des véhémences patrio-
tiques, des coups de passion, des fureurs éloquentes,
de l'agitation désordonnée, des troubles civils auxquels on pouvait s'attendre et dont l'agresseur ex-
ploitait déjà triomphalement le sûr pronostic, qui
nous eût dit que les premiers coups du canon germanique et l'outrageuse violation du droit trouve-
raient devant eux ce calme impressionnant, ce cou-
rage patient, cet héroïque silence, cet ordre simple
et naturel, ce travail de guerre méthodique et sans
précipitation, cette constance d'âme dans les revers,
cette modération, cette prudence dans le succès, en

un mot cette sorte de fatalisme actif dont nous ne sommes pas encore revenus ?

On nous a changé la France ! entend-on dire de tous côtés. Les Français ne sont plus les Français ! Et il semble bien, en effet, que nous dépassions ici le romantisme, que nous nous trouvions en présence d'un phénomène réellement tout nouveau. Le romantisme, lui, le romantisme est resté en Allemagne. Et tandis qu'à Paris, à la veille même de la guerre, le dernier geste romantique venait de coucher dans la tombe le dernier romantique, Jean Jaurès, c'était, à Berlin, l'assourdissant vacarme des foules ivres de sang, le délire des triomphes escomptés, l'épaisse fumée de la gloire montant dans les cerveaux surchauffés, les cris, les hurlements, l'insulte et la violence, les odes enfiévrées à la victoire immanquable, l'ampoule et la grandiloquence des proclamations ostentatoires, toute la vieille défroque paradeuse, rutilante et claquante venant draper de ses lambeaux trop voyants les poses de l'idole impériale.

Que sortira-t-il de tout cela ? Verrons-nous une France renouvelée par la tragique épreuve reprendre sur les ruines de la paix reconquise son grand rôle civilisateur ? Verrons-nous des somptueux débris de ce qui fut la culture romantique naître une littérature nouvelle, dont il nous serait impossible de discerner encore les traits futurs, paraître un art nouveau, une philosophie nouvelle, des idées, des mœurs, des perspectives nouvelles, s'édifier une nouvelle culture, comparable aux précédentes en beauté, en noblesse, en fécondité, dans ce pays qui en a déjà développé plusieurs? Ou, au contraire, nos yeux pleins de larmes assisteront-ils au désastre irréparable de tout ce que, fils d'une même langue, nous avons appris à comprendre, à vénérer, à admirer, et nous faudra-t-il nous préparer à courber humblement le cou sous le joug oppresseur d'une culture étrangère? Nulle réponse n'est encore certaine. Mais fortifiant nos cœurs à l'égal de ceux qui combattent pour nous sur le sol sacré, tout espoir nous reste permis.

III

Quelle est donc cette culture étrangère qui prétend supplanter la culture française? Il convient maintenant de l'examiner.

Mais n'oublions pas, avant de décider si cette prétention est justifiée, que toute culture, comme nous l'observions plus haut, doit être essentiellement novatrice. Autrement, et quels que soient l'ampleur et l'intérêt de ses réalisations, elle n'aurait plus droit à la qualité de culture, mais ne serait plus, selon la distinction de Nietzsche, qu'une *Bildung*, c'est-à-dire une civilisation de seconde main.

Il ne s'agit donc pas de juger si ce qu'on appelle la culture allemande a produit de belles choses, si dans l'exécution elle a abouti à des résultats plus ou moins parfaits, il s'agit de savoir si elle s'est montrée originale. En d'autres termes, la question qui se pose est de reconnaître jusqu'à quel point la culture allemande a été *créatrice*, jusqu'à quel point elle s'est montrée initiatrice et féconde, quelles sont les grandes idées, les grands sentiments nouveaux qu'elle a jetés dans le monde, quelles sont les formes esthétiques inconnues avant elle qu'elle a trouvées pour s'exprimer, de quelles préoccupations, de quelles directions nouvelles lui est redevable l'esprit humain, à quels grands courants elle a donné naissance, quelle a été son action, son rôle, sa valeur dans l'évolution de la civilisation universelle.

Ce qui me paraît avoir été proposé de plus ingénieux pour définir le véritable fondement de la culture allemande, je le trouve dans un article récent de M. Wilhelm Ostwald, professeur de chimie à l'université de Leipzig, lauréat d'un des prix Nobel et l'un des signataires du fameux manifeste des intellectuels, article qui pour sa forme violente et ses menaces non déguisées aux pays neutres a été vivement attaqué, même en Allemagne, mais qui n'en contient pas moins le seul argument sérieux qui ait été avancé touchant la valeur de la culture allemande et qui puisse un instant faire illusion [1].

Voici ce qu'a imaginé le chimiste de Leipzig pour

[1] Cet article a paru dans une des *Monistische Sonntagspredigten* du *Monistisches Jahrhundert* de Leipzig. Il a été complété par une enquête ouverte par cette revue sur le programme pangermaniste proposé par M. Wilhelm Ostwald et par des déclarations de ce dernier au cours d'un voyage en Suède.

établir la nécessité du triomphe de l'Allemagne et pour en tirer, si l'on peut dire, la formule.

Ce triomphe, expose-t-il, est fatal. Il résultera de la supériorité même de l'Allemagne, supériorité telle qu'on ne saurait la comparer qu'à celle qui sépare l'homme du reste du règne animal. De même que l'homme est parvenu à établir sa suprématie sur les animaux, quels qu'aient pu être le nombre, la vigueur et la férocité de ceux-ci, de même l'Allemagne est appelée à vaincre tous ses ennemis et à asseoir sur eux sa domination, quelles que soient leur multiplicité et leur force de résistance. Ce qui fait cette supériorité de l'Allemagne, c'est sa faculté d'organisation. Grâce à cette faculté, l'Allemagne a atteint une étape de civilisation plus élevée que les autres peuples. Les Russes en sont encore à la période de la horde. Les Français et les Anglais ont réussi à atteindre le degré de développement culturel que l'Allemagne a quitté il y a plus de cinquante ans. C'est l'étape de l'individualisme. Mais au-dessus se trouve l'étape de l'organisation. C'est celle où est parvenue l'Allemagne d'aujourd'hui et qui doit lui assurer la victoire.

Très justement, on le voit, le savant de Leipzig se garde d'attribuer, comme d'autres, aux Allemands des supériorités qu'ils n'ont pas. Il ne parle ni de leur art, ni de leur littérature, ni de leur philosophie, ni même de leur science. Ce n'est pas là ce qui distingue, à ses yeux, l'Allemagne des autres peuples.

Il sait qu'il y a ailleurs d'aussi grands artistes, d'aussi grands écrivains, d'aussi grands penseurs, d'aussi grands savants. Il sait que la civilisation « individualiste » n'est pas avare de ces brillantes floraisons. Il se doute même, peut-être, que ces arts, ces lettres, ces sciences, dont l'Allemagne est si fière, pourraient bien n'être que des produits d'importation. Non, ce qui distingue l'Allemand et lui confère son exceptionnel privilège, c'est qu'il a trouvé, détient, monopolise le « facteur de l'organisation » et qu'il sait en tirer le « maximum de rendement ». Avec ce « facteur » et ce « maximum », nous tenons la véritable raison de la supériorité de la race germanique.

Voilà la démonstration faite, après quoi il n'y a plus qu'à ajouter le c. q. f. d. traditionnel.

Mais notre chimiste est-il bien sûr que ce qui fait la supériorité de l'homme sur les animaux et, par déduction, celle de l'Allemand sur le *vulgum pecus* humain, ce soit vraiment cette faculté d'organisation? Pour ma part, je n'en crois rien, car on trouve chez les animaux des communautés encore mieux organisées que les sociétés humaines, pour ne citer que les fourmis et les abeilles. Je serais plutôt disposé à penser, avec Darwin, Spencer, Boucher de Perthes, Mortillet, Quinton, Remy de Gourmont et bien d'autres, que ce qui a valu à l'homme sa supériorité sur les animaux, c'est le génie de l'invention, la faculté de créer des outils, des moyens de puissance. Avec l'invention du feu, celle de la taille des silex, celle de

la fonte des métaux, celle de la culture des plantes
et de la domestication des bêtes, celle de l'écriture,
celle de la roue, celle du levier, celle de la navigation et jusqu'aux inventions des Grecs et des Ro-
mains, pour aboutir à celles du XIXe et du XXe
siècles, l'homme a pris peu à peu possession de
son domaine et a établi de plus en plus sa souve-
raineté sur le monde organique et sur le monde inor-
ganique. Tel est le réel fondement de la puissance
de l'homme.

Or, quelle fut la part de l'Allemagne dans ce colos-
sal mouvement vers l'hégémonie ? Cette part a été
bien petite. On peut parcourir la liste des grandes
inventions modernes, on n'en trouvera aucune qui
soit due à l'intelligence germanique. L'Allemagne
n'a découvert ni la vapeur, ni les explosifs, ni l'é-
lectricité, ni la télégraphie avec ou sans fil, ni le
téléphone [1], ni le phonographe, ni la voiture auto-
mobile, ni les sous-marins, ni la navigation aérienne,
rien, pas même le 606. Son rôle, dans la conquête de notre civilisation, est demeuré à peu près
passif [2].

[1] Les Allemands attribuent l'invention du téléphone à leur compatriote
le professeur Philipp Reiss. Reiss n'a rien inventé du tout, que le mot
de *téléphone*. Il se borna à réaliser, en 1861, certaines expériences de
transmission du son, selon des principes indiqués antérieurement par
Bourseul. Le véritable inventeur du téléphone est, on le sait, Graham
Bell, qui, le premier, réussit, en 1876, à transmettre la voix humaine. Il
fallut en outre la découverte du microphone, due à Hughes, pour aboutir
au téléphone actuel.

[2] « Récemment l'Académie des Sciences de Paris rappelait que les
civilisations latine et anglo-saxonne sont celles qui ont produit, depuis
trois siècles, la plupart des grands créateurs dans les sciences mathé-

Il est vrai qu'il y a l'imprimerie ! L'imprimerie est la grande découverte allemande. Il y aurait cepen-

matiques, physiques et naturelles, ainsi que les auteurs des principales inventions du XIXe siècle. Il faudrait résumer l'histoire de la science depuis trois siècles pour apporter en détail les preuves de ces affirmations ; mais à défaut d'une telle étude, un coup d'œil jeté sur les principales têtes de chapitres des diverses sciences montre que la plupart des contributions essentielles, tant théoriques que pratiques, n'appartiennent pas à des savants ou inventeurs allemands.

» Dans le domaine abstrait des mathématiques pures et de la physique mathématique, les géomètres français, tels que Cauchy, Fourier, Galois, ont ouvert la plupart des voies où se sont orientées les recherches modernes. La mécanique céleste, après Newton, a été surtout une science française par ses plus éminents représentants, depuis d'Alembert, Lagrange et Laplace, jusqu'à Henri Poincaré. C'est principalement à des savants de pays latins ou anglo-saxons que l'on doit, dans l'astronomie d'observation, les découvertes fondamentales qui font de l'étude du ciel la plus captivante des sciences ; les astronomes anglais Bradley et Herschell restent là des modèles difficiles à surpasser.

» En physique générale, deux principes dominent l'énergétique. Sous leur forme thermodynamique primitive, le premier principe, ou principe de l'équivalence de la chaleur et du travail, est attribué au médecin allemand Robert Mayer ; le second, concernant la dégradation de la chaleur, est le principe de Carnot. En fait, l'histoire du premier principe est à reviser ; il fut énoncé en 1839, c'est-à-dire quatre ans avant Mayer, par Marc Seguin, l'inventeur des chaudières tubulaires, et même, dix ans auparavant, Carnot l'avait indiqué dans une note qui ne fut d'ailleurs publiée qu'après sa mort. Comme l'a dit un bon juge, lord Kelvin, dans toute l'étendue du domaine des sciences, il n'y a rien de plus grand que l'œuvre de Sadi Carnot.

» En optique, Young et Fresnel développent avec éclat l'optique ondulatoire entrevue par le Hollandais Huyghens. En électricité, quels noms surpasseront jamais ceux de Volta, d'Ampère et de Faraday ? Plus récemment, le génie de Maxwell fonda l'électro-optique, et dans l'étude des nouveaux rayonnements, la part des physiciens anglais et français est prépondérante. Il suffit de rappeler les noms de Curie et de Becquerel, et la découverte du radium. Seul, le chapitre des rayons X, ou rayons de Röntgen, fut ouvert en Allemagne.

» Dans la fondation de la chimie moderne, Lavoisier occupe une place à part ; après lui, Dalton, Davy, Gay-Lussac, Dumas, Gerhardt ont été de grands créateurs. La mécanique chimique et la chimie physique procèdent de la statique chimique de Berthollet, ainsi que des travaux de Berthelot sur l'électrification et de Sainte-Claire Deville sur la dissocia-

dant lieu d'observer qu'au moment de l'invention
de l'imprimerie [1], l'impression par la xylographie

tion ; elles ont trouvé leur plus grand théoricien dans l'Américain Willard Gibbs.

» Dans les sciences naturelles, l'orientation des recherches a été changée depuis Lamarck et Darwin. La biologie tout entière est dominée aujourd'hui par l'idée d'évolution, idée qui fut d'ailleurs un ferment puissant dans d'autres domaines, comme la philosophie de l'histoire. Est-il nécessaire de rappeler les œuvres de Claude Bernard et de Pasteur? On a pu dire du premier qu'il fut la physiologie elle-même. Quant à Pasteur, toute louange languit auprès de son grand nom ; il a ouvert un monde à la curiosité des chercheurs, et les applications pratiques des recherches ainsi suscitées sont innombrables.

» Si nous passons aux chapitres plus spéciaux des sciences et aux inventions proprement dites, nous ferons encore les mêmes constatations; les idées originales et fécondes n'ont que rarement été fournies par l'Allemagne. Rappelons dans la physique du globe les lois générales de la circulation des courants marins et atmosphériques et les études de météorologie dynamique dans la haute atmosphère. Parmi les applications pratiques, il en est de même pour la navigation à vapeur, la navigation sous-marine, la téléphonie, la poudre sans fumée, la télégraphie transatlantique, la télégraphie sans fil, les ballons, les aéroplanes, les couleurs artificielles, et tant d'autres. Pour prendre des exemples relatifs à l'art de la guerre, c'est l'Anglais Robins qui, vers 1760, entrevoit le projectile oblong et propose d'employer des canons rayés, se rendant bien compte que, grâce à la résistance de l'air, la rotation obtenue par les rayures ramènerait constamment l'axe sur la tangente à la trajectoire; au commencement du siècle dernier, un officier anglais, Shrapnell, réalisa avec les boulets alors en usage le projectile auquel son nom reste attaché.

» Cette promenade rapide à travers l'histoire des sciences montre assez la singulière aberration des intellectuels allemands, proclamant que la race germanique est seule dans le monde capable de travailler au développement de ce qu'ils appellent la Culture. La vérité est tout autre. A travers les âges, les peuples germaniques ont rarement fait preuve d'une grande originalité. Dans l'antiquité, le Germain barbare fut tributaire du Celte; aux XIIe et XIIIe siècles, ainsi qu'aux XVIIe et XVIIIe siècles, la civilisation germanique n'est qu'un prolongement de la civilisation française. Aujourd'hui, ce qui caractérise particulièrement la science allemande, c'est son habileté à mettre en œuvre les idées qui lui sont fournies d'ailleurs. » — Emile Picard, de l'Académie des Sciences, *Revue Scientifique*, 30 janvier 1915.

[1] Ou plutôt de la typographie.

— 43 —

était déjà connue. On cherchait alors un peu partout
le moyen de multiplier sans trop de frais les exem-
plaires des ouvrages reproduits. Gutenberg y réussit[1].
Mais son invention, quelque importance qu'elle dût
prendre par la suite, n'était pas beaucoup plus que la
trouvaille d'un procédé, et il n'y fallait pas un génie
transcendant.

Avec les lois de Képler et le calcul différentiel de
Leibniz [2], nous avons là, je crois bien, le bilan à peu

[1] On sait que la Hollande dispute à l'Allemagne le mérite de l'invention de l'imprimerie, l'attribuant à Laurent Coster, de Harlem.
La thèse hollandaise ne manque pas d'une grande force et il est à
peu près certain que les premiers essais de typographie eurent lieu en
Hollande. Le plus ancien ouvrage connu tiré sur caractères mobiles, le
Speculum humanæ salvationis, a été imprimé en Hollande antérieurement à 1450. A peu près à la même époque, de 1444 à 1446, des essais
de typographie avaient été tentés, à Avignon, par l'orfèvre Procope
Waldfoghel, de Prague. (Cf. Abbé Requin : *L'Imprimerie à Avignon,
en 1444*, Paris, 1890. — Du même : *Origines de l'imprimerie en
France*, Paris, 1891. — L. Duhamel : *Les Origines de l'imprimerie à
Avignon, note sur les documents découverts par l'abbé Requin, Avignon*, 1890.) « Il n'est pas possible, dit Camille Couderc, bibliothécaire
au département des manuscrits de la Bibliothèque Nationale, in *La
Grande Encyclopédie*, dans l'état actuel de la question, de désigner
l'inventeur de l'imprimerie. Il semble même qu'il faille désespérer de
le trouver jamais. Cette découverte, en effet, n'appartient, en réalité,
comme on l'a très bien dit, ni à une année, ni à un peuple. Elle était
devenue une véritable nécessité par suite des progrès de la civilisation.
C'est pour cela qu'elle fut, dans le second quart du XV⁰ siècle, l'objet
de tant de recherches. Aussi n'y a-t-il pas lieu de s'étonner qu'il en
soit question, à des dates très voisines, en Hollande, sur les bords du
Rhin et à Avignon. Il ne sera probablement jamais possible de dire
avec précision quelle est la part de découverte qui revient à chacun de
ces pays. »

[2] C'est du séjour de Leibniz à Londres, en 1673, où il se lia avec le
physicien Boyle et le mathématicien Oldenbourg, que date sa découverte
du calcul différentiel. On sait qu'elle lui fut disputée par Newton. Il est
certain que Newton avait inventé dès 1665 une nouvelle méthode de
calcul, identique, quant au fond, au calcul différentiel, et qu'il l'avait

près complet de ce que le progrès des sciences doit à l'Allemagne. C'est maigre, et il n'est pas de petit pays, comme la Hollande, la Pologne ou la Suède, qui ne puisse en aligner tout autant, sinon davantage. Encore faut-il ajouter que, jusqu'à la fin du XVIIIe siècle, la science, s'exprimant exclusivement en latin et en français, revêtait une sorte de caractère international, la faisant ainsi échapper en partie aux conditions des diverses cultures nationales, dont la première, comme nous l'avons indiqué, est la langue. Leibniz a écrit toutes ses œuvres en latin et en français, et c'est très probablement en français qu'il pensait [1]. Et n'est-il pas au moins curieux de remarquer que ce soit précisément à partir du moment où l'usage de la langue allemande a commencé à

fait connaître en 1672 à un petit nombre d'amis. Il est probable que Leibniz en eut connaissance par une lettre de Newton à Oldenbourg, à cette même date de 1672. D'autre part, cette découverte était déjà en germe dans les travaux de Fermat, Wallis et Cavallieri.

[1] « La gloire de Leibniz, dit le philosophe français Amédée Jacques, est pour nous presque une gloire nationale. C'est en français qu'il a écrit ses plus importants ouvrages, la *Théodicée* et les *Nouveaux Essais sur l'Entendement humain...* Le style de Leibniz n'est pas toujours un modèle de correction ; mais aucun écrivain de notre pays n'a, dans des sujets de cette gravité, plus de naturel, de verve et de force ; avec un merveilleux à-propos il sait faire servir à des fins sérieuses de frappantes expressions populaires, qui stimulent et réveillent l'attention ; et comme son langage, toujours pris du plus profond des choses, part d'un esprit pénétré, souvent l'élévation de la pensée lui suggère d'éloquentes et sublimes inspirations qui placent quelques pages de ses écrits à côté des plus beaux chefs-d'œuvre de notre littérature philosophique. »

Les écrits allemands de Leibniz, longtemps restés dans l'ombre et se bornant d'ailleurs à peu de chose, quelques opuscules et lettres, n'ont vu le jour qu'en 1838-1840, édités en deux volumes par Guhrauer. Leibniz n'a rien publié en allemand de son vivant.

prévaloir dans la science d'outre-Rhin, que le don
de l'invention géniale en ait mystérieusement disparu ?

* * *

Dans les lettres et dans les arts, la part créatrice
de l'Allemagne est-elle au moins meilleure ?

Il a régné à ce sujet, pendant toute la première
moitié du XIXᵉ siècle, deux colossales erreurs, dont
furent, en grande partie, responsables, chose curieuse, les romantiques français. Dans leur lutte
acharnée contre la tradition classique, ils imaginèrent
d'aller chercher des appuis à l'étranger et, ignorants
comme on l'était à cette époque de l'histoire littéraire, ils attribuèrent à l'Allemagne toutes sortes de
vertus qu'elle n'avait pas. Ils lui firent hommage de
tout le moyen âge, avec sa chevalerie, ses légendes,
son pittoresque, sa féodalité, son sentiment de l'honneur, son sens du mystère, en y ajoutant par sur-
croît l'invention de l'art ogival. Puis, non contents
de ce cadeau, ils lui attribuèrent la formation du romantisme lui-même.

On sait maintenant que tout cela est le contraire
de la réalité et que les romantiques français n'auraient eu qu'à prendre la peine de regarder chez eux
pour trouver en abondance tout ce que, pour se donner le plaisir d'ennuyer les classiques, ils allaient
chercher en Allemagne. Quand on pense que Musset,
au début de sa *Confession d'un enfant du siècle*, ali-

gnant toute une kyrielle de soi-disant ancêtres du romantisme, qu'il va cueillir dans tous les pays, encensant lord Byron et appelant Gœthe « le patriarche d'une littérature nouvelle », n'oublie qu'un nom, le seul précisément qu'il fallait citer : celui de Rousseau !

Gœthe, qui savait à quoi s'en tenir, disait à Eckermann : « Nous autres Allemands, nous sommes d'hier ; il est vrai que, depuis un siècle, nous avons solidement travaillé, mais il se peut bien qu'il se passe encore quelques siècles avant que nos compatriotes se pénètrent assez d'esprit et de culture supérieure (*hœhere Kultur*) pour que l'on puisse dire d'eux qu'il y a très longtemps qu'ils étaient des barbares *(dass sie Barbaren gewesen).* »

Nous avons « solidement travaillé », tel est bien le mot de la situation. L'Allemagne n'a jamais fait que « travailler ». Elle s'est mise à l'école des autres, comme autrefois Rome s'était mise, littérairement et artistiquement, à l'école de la Grèce. Et, pas plus que Rome, elle n'a pu surmonter les influences dont elle a toujours vécu, pour devenir à son tour créatrice et innover une culture propre, une culture à elle.

Le moyen-âge, cela est surabondamment élucidé, est né à peu près complet et s'est développé sur le sol occidental, y compris ce fameux sens du mystère, qui est purement celtique. Quant au romantisme, il sort tout entier du XVIIIe siècle français et, par son intermédiaire, de Shakespeare. Comme le

dit fort bien le critique allemand Hillebrand, dans une
étude sur *la Société de Berlin de 1789 à 1815* :
« Tout le XVIIIe siècle fut à genoux devant l'esprit
de la France. A toutes les cours de l'Europe, elle en-
voie ses idées et jusqu'aux hommes qui doivent réaliser ses idées. Le mouvement littéraire de l'Allemagne doit en grande partie sa naissance et surtout la
direction qu'il a prise à cette impulsion française. Il
est difficile de dire ce que Wieland eût été sans
Voltaire, Lessing sans Diderot, Herder sans
Rousseau. »

Reste Gœthe. Gœthe fut probablement le plus
grand esprit dont puisse s'honorer l'Europe moderne.
Il a tout vu, tout connu, tout compris, il s'est inté-
ressé à tout, il a tout approfondi, et a su tout rendre, tout exprimer en un style impérissable et véritablement humain. Comme on l'a souvent remarqué,
Gœthe échappe au cadre des littératures nationales
pour s'élever à la littérature universelle. Poète et
prosateur, romancier, dramaturge, critique, penseur,
savant, tantôt romantique, tantôt classique, il s'est
inspiré tour à tour de l'Angleterre, de la France, de
l'Italie, de l'antiquité, de l'Orient, il a tout été, sauf,
et précisément parce qu'il était universel, un créateur. Ses premiers drames sont shakespeariens;
Werther, c'est Saint-Preux de la *Nouvelle Héloïse*;
Charlotte et Dorothée, c'est encore du Rousseau;
Faust, c'est, sur une trame du moyen âge, un Ham-
let transposé et développé. « Sans l'influence de

Rousseau, dit un autre critique allemand[1], *Werther*
et peut-être même *Faust* n'eussent point été possi-
bles. »

Ce serait dans les *Lieder* et dans la conception du
personnage de Marguerite que l'on pourrait trouver
peut-être quelque chose d'authentiquement allemand :
cette sentimentalité germanique, ce spécial *Gemüth*,
qui semble être, en effet, la particularité de l'âme
allemande. Mais l'on ne peut s'empêcher d'être pris
d'un doute à ce sujet, lorsqu'on songe que l'homme
qui a le mieux su exprimer ce célèbre *Gemüth*, qui,
par conséquent, devrait être considéré comme le plus
allemand des Allemands, fut un juif, Heine.

Quoi qu'il en soit, ce que l'on peut dire sans doute
de plus exact et de plus compréhensif sur Gœthe,
c'est qu'il a réalisé par avance et à merveille ce mot
de Nietzsche : « Celui qui veut du bien aux Allemands devra veiller, pour sa part, à s'élever toujours davantage au-dessus de ce qui est allemand.
C'est pourquoi *l'orientation* vers ce qui *n'est pas allemand*[2] fut toujours la marque des hommes distin-
gués de notre pays[3]. »

En architecture, en statuaire, en peinture, en art

[1] Hermann Hettner : *Litteraturgeschichte des XVIII Jahrhunderts.*

[2] Souligné par Nietzsche.

[3] *Opinions et sentences mêlées*, aph. 323. A rapprocher de cet autre
mot de Nietzsche, dans *Par delà le Bien et le Mal :* « Qu'on pénètre
jusqu'au fond l'étonnement de Napoléon quand il vit Gœthe : « *Voilà
un homme !* » Cela voulait dire : Mais c'est un *homme*, cela ! Et je
m'étais attendu à ne voir qu'un *Allemand !* »

appliqué, en technique, les considérations auxquelles
nous venons de nous livrer pour la littérature pourraient être reprises et nous conduiraient à des constatations analogues. En tout et partout, l'Allemagne
ressort comme tributaire de l'étranger [1]. Il n'est pas
jusqu'à son art militaire, dont elle est si vaine,
qu'elle ne doive tout entier à Napoléon. Et il ne faudrait pas croire que celui-ci soit, en revanche, redevable de quelque chose au plus grand stratège allemand, à Frédéric II. Comme l'expose un écrivain
militaire des plus compétents : « Tandis que Frédéric II porte au plus haut degré de perfection les procédés de la guerre ancienne, les généraux français
cherchent le progrès dans les innovations tactiques.
Médiocres exécutants, ils ne feront guère valoir leurs
procédés dans la guerre de Sept Ans, mais ils pré-
pareront les matériaux que Napoléon mettra bientôt
en œuvre [2]. »

L'Allemand est donc essentiellement un adapta-
teur ; c'est là sa fonction. Et voilà qui nous ramène
à la thèse ostwaldienne. Mais cette faculté d'organisation, dont, par la bouche du professeur de Leipzig,
l'Allemand se targue si fort, lui est-elle innée, lui

[1] En linguistique, en épigraphie, en archéologie, domaines où les
Allemands passent pour être des maîtres, il n'en est pas différemment.
On en trouvera la confirmation détaillée et documentée dans une bro-
chure récente de M. Ernest Leroux, le savant éditeur orientaliste de
Paris : *France et Allemagne ; les deux cultures* (Paris, 1915).

[2] J. Collin, professeur à l'Ecole supérieure de guerre : *Les Transfor-
mations de la Guerre* (Paris 1913). Cette citation est le début du chapitre sur les origines de la guerre moderne.

appartient-elle sans conteste et touchons-nous là enfin son originalité ? Aucunement. La faculté organi-
satrice n'est pas plus allemande que le reste. Comme
tout le reste, l'Allemand l'a empruntée. Ce sont les
Anglo-Saxons qui en ont les premiers compris l'importance et qui en ont poussé les réalisations au
point de perfection où nous pouvons également les
admirer en Allemagne. C'est en Angleterre et aux
Etats-Unis que l'éternelle application allemande a
pu copieusement s'approvisionner de ce nouvel élément de succès [1].

* * *

Un point seul dans ma discussion pourrait être
contestable. Je pensais ne pas l'aborder. Mais comme
c'est le trou où l'on pourrait placer la cartouche de
dynamite qui risquerait de faire voler en éclats toute
mon argumentation, il est nécessaire que j'en dise
quelques mots, bien qu'il méritât à lui seul un
examen aussi long que ce qui vient de précéder.

Il s'agit, on l'a deviné, de la musique. Là, au
moins, dira-t-on, les Allemands sont inventeurs, là
ils sont géniaux ! On ne peut en disconvenir. Re-
marquons cependant que si la musique a pris un
grand essor en Allemagne, elle n'y est pas née. Sans
parler de ses origines antiques, c'est en Italie, c'est

---

[1] Le pangermanisme lui-même, ce qui est un comble, n'est pas allemand. Ce mouvement d'exaltation de l'orgueil germain a été créé de
toutes pièces par les livres et les théories de deux Français, Gobineau
et Vacher de Lapouge, et d'un Anglais, H. Stewart Chamberlain.

en France et dans les Flandres qu'il faut chercher ses débuts et sa floraison première[1]. Bach, le grand cantor, n'avait plus dès lors qu'à paraître pour lui donner son plein épanouissement, sa complète et magnifique expression. Avec Haydn et Mozart, nouvelle expansion, nouvel enrichissement, où, toutefois, l'influence italienne ne laisse pas d'être sensible. Dans tout ce mouvement musical allemand, il y a évidemment plus que de la simple *Bildung*, et s'il n'y a pas création proprement dite, il y a tout au moins développement créateur, ce qui, au point de vue de la culture, est à peu près la même chose.

Nous pourrions en rester là et nous borner à constituer en faveur de la musique allemande cette exception qui confirme la règle, s'il ne se trouvait pas que le plus grand musicien allemand, le maître de toute la musique allemande moderne, n'était pas un non-Allemand, un métèque, un homme appartenant par sa race et ses origines à une culture étrangère : j'ai nommé le Flamand Louis van Beethoven[2].

---

[1] Heinrich Schütz (1585-1672) est le premier nom allemand qui figure dans l'histoire de la musique. Il n'existe pas de compositeur allemand qui compte antérieurement à lui.

[2] Son grand-père, Louis van Beethoven, qui était né à Anvers, en 1712, descendait d'une famille de propriétaires campagnards des environs de Louvain. Il fut quelque temps maître de chapelle à Saint-Pierre de Louvain, puis vint à Bonn, où il obtint de l'archevêque-électeur de Cologne le titre de musicien de la cour, acquit le droit de cité et devint directeur de la chapelle électorale. Il mourut en 1773, trois ans après la naissance de son petit-fils Louis. « C'était, dit M. Teodor de Wyzewa, un homme de taille moyenne, sec et trapu, avec des traits fortement dessinés, des yeux clairs, mais d'une extrême vivacité. Sa science et son

Ces questions de généalogie pourraient, au premier
abord, paraître oiseuses et d'une signification discu-
table, si elles ne correspondaient pas souvent à des
réalités de fond d'une extrême importance. Or, c'est
éminemment le cas pour Beethoven [1]. Ce que Beethoven a apporté à l'Allemagne, il faut bien s'en rendre
compte, n'est pas quelque chose de véritablement
allemand. Il y a dans cette musique sublime un souffle,
une inspiration, un élan, une couleur, un mouvement,
toute une vie palpitante et grandiose que l'Allemagne

aptitude musicales paraissent avoir été considérables et, sans avoir lui-
même écrit d'opéra, il a dû plus d'une fois faire office de compositeur
pour adapter aux ressources de la chapelle de Bonn les œuvres que l'on
y jouait. Une grande énergie, un sentiment très élevé du devoir se
joignaient chez lui à un bon sens et à une dignité de manières qui lui
avaient valu le respect universel, dans cette ville où il était arrivé pauvre
et inconnu. Il semble en outre avoir eu à un haut degré l'amour de sa
famille et de son pays, car, sitôt établi à Bonn, il y a fait venir ses
frères, ses cousins, plusieurs musiciens de Louvain et d'Anvers, qui ont
ainsi formé, autour de lui, toute une petite colonie flamande.» (Teodor
de Wyzeva: *Beethoven et Wagner, essais d'histoire et de critique
musicales.*)

[1] Héréditairement, Beethoven doit tout à son grand-père, le Flamand
de Louvain. Sa grand'mère, Maria-Josepha Poll, était ivrognesse et
folle. Son père, Jean, ivrogne, débauché, inintelligent, paresseux, incapable d'un travail quelconque, n'était qu'un *minus habens*. Sa mère,
Marie-Madeleine Keferich, fille d'un cuisinier et veuve d'un valet de
chambre, petite nature timide, effacée, aimante, sentimentale, mit le
meilleur de ses soins à élever son fils dans l'admiration et le respect
des talents et des vertus de son défunt grand-père. « L'influence hérédi-
taire exercée par celui-ci, dit M. de Wyzewa, est, au contraire, incontestable. Beethoven lui a dû le fond de son âme, de même qu'il a hérité
de lui cette structure massive et nerveuse du corps, ces traits accentués,
ces yeux mobiles, et maints autres détails de physionomie, que le père
n'avait pas, et que nous retrouvons dans un portrait du vieux Louis.»
Notons, d'autre part, que le premier maître de musique de Beethoven,
Van der Eeden, était un Flamand.

ne connaissait pas, qui ne sortait pas de son sol, mais qui apparente par contre étroitement l'art de Beethoven à l'admirable école de peinture des Flandres et des Pays-Bas. On y retrouve, dans cet art du grand musicien, la chaude et somptueuse palette d'un Rubens, la noblesse, la richesse de forme d'un Van Dyck ; on y retrouve surtout l'âme ardente et pathétique, la puissante et profonde humanité d'un Rembrandt [1]. Et comme toute l'Allemagne musicale

[1] M. Teodor de Wyzewa insiste beaucoup sur l'influence du sang flamand chez Beethoven. Il va jusqu'à dire : « De fait, lorsqu'on entre dans l'étude de sa vie et de son œuvre, il est impossible de le tenir pour un Allemand. » Comme nous, M. de Wyzewa compare Beethoven à Rubens : « Pour être infiniment plus nuancée et plus exempte d'artifices, l'œuvre de Beethoven rappelle d'ailleurs par plus d'un point l'œuvre immortelle de Rubens : elle en a l'entrain fougueux, la robuste verdeur, l'intense vie et, somme toute, la joie héroïque. » Il est vrai que pour expliquer l'émotion, le sentiment et ce qu'il appelle « le cœur » de Beethoven, M. de Wyzewa, croyant n'en pas trouver trace dans l'art flamand, déclare que c'est là le côté allemand de Beethoven et l'attribue à l'influence de sa mère. Nous nous séparons ici de M. de Wyzewa. Ce qu'il cherche en vain dans la partie belge de l'art flamand se trouve en abondance dans sa partie néerlandaise. Or, il ne s'agit pas là de deux cultures différentes, mais, comme nous l'avons déjà noté et comme cela ressort de notre thèse, d'une seule et même culture, provenant d'un seul et même sang et surtout d'une seule et même langue. En adjoignant Rembrandt à Rubens, on a tout Beethoven.

Parmi les autres qualités distinctives de Beethoven figurent surtout l'ordre, le sens des proportions, la logique, qui ne se retrouvent à un degré approchant chez aucun musicien allemand. Le rythme, cet élément si essentiel de l'art et du sentiment musical, et qui chez Beethoven était d'une richesse et d'une profondeur inégalées, ne lui venait pas davantage de son ascendance allemande. Les Allemands n'ont pas le don du rythme, comme l'a bien reconnu Hans von Bülow : « ...*jene Taktfertigkeit und rhythmische Straffheit, deren Mangel namentlich bei deutschen Sängern und Instrumentalisten als ein Haupthinderniss zur Erziehung korrekter Ausführung betrachtet werden muss.*» (Préface aux *Douze morceaux faciles de Händel.*)

a imité Beethoven, s'est inspirée de lui dans tout son développement ultérieur, jusques et y compris Wagner [1], il faut dire non pas que c'est Beethoven

La surdité, qui dès l'âge de trente ans produisait déjà ses effets chez Beethoven, a dû contribuer aussi à le soustraire à toute influence extérieure venue du milieu allemand, pour le laisser seul avec son tempérament propre et son génie originel.

[1] L'influence de Beethoven sur Wagner a été considérable pour tout ce qui concerne le côté technique de l'art. Le style et l'instrumentation du maître de Bayreuth se ressentent visiblement de l'étude incessante et quotidienne qu'il faisait de Beethoven, auquel, pendant la période où il composait les *Maîtres Chanteurs*, *Siegfried* et le *Crépuscule des Dieux*, il consacrait un de ses principaux écrits. Son admiration pour Beethoven était sans bornes : « Il est impossible de parler de lui, disait-il, sans tomber aussitôt dans le ton de l'exaltation. Impossible de le comparer aux autres artistes ; tous s'effacent devant lui. Shakespeare, c'est toute réalité, toute ressemblance de la vie ; mais chez Beethoven tout est revêtu d'une réalité idéale : c'est une pure révélation ! » (Hans von Wolzogen : *Erinnerungen an Richard Wagner.*) — « Pour moi, disait-il encore, je suis, dans l'instrumentation, un réactionnaire ; je ne vais pas plus loin que Beethoven. » *(Ibid.)* — Le leitmotiv, on le sait, se trouve déjà dans *Fidelio*. Le leitmotiv, étant dans la logique de l'art musical, est d'ailleurs aussi vieux que la musique elle-même. Il n'est point rare de trouver des dessins mélodiques revenant avec les mêmes idées jusque dans les chants du moyen-âge. Au reste, la symbolique médiévale, qui représentait sous de mêmes formes certaines idées mystiques, n'était que du leitmotiv. On rencontre le leitmotiv dans les motets palestriniens, dans Monteverde, dans Schütz. L'apport de Beethoven fut d'appliquer à la transformation du motif conducteur la science du développement beethovenien. Wagner n'eut plus qu'à s'inspirer, dans le cadre de sa manière, de ces innombrables précédents.

Quant à la phrase wagnérienne, si on ne la rencontre probablement pas chez Beethoven, on la voit se former chez quelques-uns de ses successeurs. Il y en a des prodromes dans Schumann, que Wagner détestait, mais dans la musique duquel il ne pouvait s'empêcher de reconnaître « la meilleure qu'on pût faire dans le genre instrumental après Beethoven », et qui, notamment dans sa façon d'employer la voix, présente souvent de frappantes analogies avec Wagner. On en trouve de curieux spécimens dans César Franck, le seul véritable héritier et continuateur de Beethoven, selon M. Vincent d'Indy : « Dès l'entrée de la *Fantaisie en ut*, nous sentons les approches du véritable style de l'auteur des qui a fait de la musique allemande, mais que c'est l'Allemagne qui a fait de la musique beethovenienne.

Quoi qu'on doive en juger et en laissant à l'Allema-

Béatitudes. Si la construction de la pièce... rappelle encore les timidités de la première manière, le *lied* initial qui se déroule, calme et sans aucune modulation, nous montre déjà ce qui devint la caractéristique générale du troisième style et ce par quoi il se rattache profondément aux racines beethoveniennes, le don de tirer une mélodie très vivante du milieu d'un état harmonique préétabli. Et, si l'on réfléchit qu'en l'espèce cet état harmonique est lui-même la résultante d'un *canon* mélodique, artifice cher à Franck, on n'aura point de peine à reconstituer par cet exemple la filiation que j'ai indiquée : les primitifs italiens pour la pureté de la ligne mélodique, l'atavisme inconscient des polyphonistes du XVIe siècle pour l'aisance du contrepoint, Bach pour l'écriture, Beethoven enfin pour la disposition rythmique générale. Je pourrais même — si je ne regardais point ces rapprochements comme futiles [*] — trouver dans cette pièce d'orgue comme la *prescience* de Wagner, complétement ignoré en France à cette époque, puisque le thème qui jaillit, au clavier du grand orgue, de la combinaison architecturale dont je viens de parler n'est autre que celui désigné sous l'étiquette : *Motif du Sommeil* dans la *Walküre* et dans toute l'épopée des *Nibelungen*.» (Vincent d'Indy : *César Franck*, pp. 111, 112.)

Ce fut à Paris, pendant son premier séjour (1839-1842), que Wagner *entendit* pour la première fois du Beethoven, prenant en même temps conscience de son propre génie à lui-même. « L'exécution de la *Symphonie avec Chœurs* au Conservatoire, après trois ans d'études, l'interprétation impeccable des quatuors de Beethoven, la manière infiniment minutieuse et soigneuse dont se faisaient les répétitions au Grand Opéra, tout cela fut pour lui autant de leçons dont l'effet devait se retrouver, trente ans plus tard, au théâtre de Bayreuth. » (H. Stewart Chamberlain : *Richard Wagner*, Munich 1896.) Il n'est peut-être pas inutile de rappeler à ce propos l'influence considérable exercée par Paris sur Wagner, durant les deux séjours qu'il y fit, influence reconnue par les Allemands eux-mêmes : « Lorsque l'on voit, dit M. Chamberlain, la part prise par les Allemands à cette scandaleuse aventure (il s'agit de la représentation de *Tannhäuser* en 1861), lorsque l'on s'aperçoit que l'échec de *Tannhäuser* à Paris ne fut point le fait du grand public, mais de la tyrannie de la petite presse et des barons de la finance, et lorsqu'on songe enfin à toutes les amitiés que rencontra

[*] Pas nous.

gne le bénéfice entier de sa musique, beethovenienne
ou non, il nous reste à conclure. En face de la France
avec ses trois riches cultures, toutes trois profondément nouvelles, toutes trois profondément créatrices,

Wagner dans cette ville étrangère, on ne peut s'empêcher de protester
contre l'idée, si répandue chez nous, que la France a montré moins
d'intelligence que l'Allemagne pour l'œuvre wagnérienne. C'est sur le
désir exprès de Napoléon III, et sans la moindre sollicitation de la part
de l'auteur, que fut décidée la représentation de *Tannhäuser*, et cela à
un moment où l'intendant de l'Opéra de Berlin hésitait encore à laisser
jouer des ouvrages de Wagner. Celui-ci d'ailleurs ne tarit pas en éloges
sur la bonne volonté que lui a témoignée tout le personnel de l'Opéra et
sur le plaisir qu'il a eu de pouvoir enfin assister à une exécution un peu
parfaite de l'une de ses œuvres. Aussi la représentation de *Tannhäuser*
ne lui a-t-elle laissé — c'est encore lui qui le dit — que les souvenirs
les plus agréables. C'est en effet à Paris que, pour la première fois, un
groupe d'hommes intelligents et instruits a reconnu en lui autre chose
qu'un simple musicien et s'est expressément rangé autour de lui comme
autour d'un représentant d'un nouvel idéal.» (H. Stewart Chamberlain ;
Op. cit.) Nietzsche dit à son tour : « C'est affaire aux Allemands, amis
de Richard Wagner, de se demander s'il y a dans l'art wagnérien
quelque chose qui soit purement allemand, ou si le caractère distinctif
de cet art n'est pas précisément de dériver de sources et de suggestions
supra-allemandes ; mais dans cette évaluation, on doit faire la place
qu'il mérite à ce fait qu'il fallut Paris pour donner à Wagner sa marque
propre, qu'il s'y sentit porté d'un irrésistible élan à l'époque la plus
décisive de sa vie, et qu'il ne se formula définitivement à lui-même ses
desseins sur le monde et son auto-apostolat que lorsqu'il eut sous les
yeux comme modèle le socialisme français.» (*Par delà le Bien et le Mal*,
aph. 256.) Ajoutons, à titre de curiosité, que ce fut peut-être en lisant
cette page de Grétry que Wagner conçut l'idée de son théâtre de
Bayreuth : « Je voudrais que la salle fût petite et contenant tout au plus
mille personnes ; qu'il n'y eût qu'une sorte de places partout ; point de
loges... j'en voudrais une seule, voilée, où les auteurs de l'ouvrage nouveau
et quelques directeurs s'enfermeraient pendant la première représentation... Je voudrais que l'orchestre fût voilé et qu'on n'aperçût ni les
musiciens, ni les lumières des pupitres du côté des spectateurs. L'effet
en serait magique... Un mur en pierres dures est, je crois, nécessaire
pour séparer l'orchestre du théâtre, afin que le son répercute dans la
salle. » (Grétry : *Essais sur la musique*, t. III, p. 32; 1742-1813.)

que pèse toute la culture allemande, que vaut-elle,
existe-t-elle seulement, dans le sens très précis que nous
avons donné — que les Allemands eux-mêmes ont
donné à ce mot de culture pour le différencier très
justement de la *Bildung*? Rappelons-nous qu'il ne
suffit pas qu'un peuple se soit montré supérieur et
original dans un domaine unique pour que l'on soit
fondé à parler de culture. La culture, comme nous
le disions au début de cette étude, résulte de tout
un ensemble, aboutissant à un style. Adjoignons, si
l'on veut, à la musique la métaphysique allemande,
qui, bien que provenue tout entière de Descartes
et des Anglais[1], n'en a pas moins présenté en Allemagne un développement intéressant, confinant à la
nouveauté, et demandons-nous maintenant, après les

---

[1] L'importance de Descartes grandit toujours davantage aux yeux des
historiens actuels de la philosophie, qui tendent de plus en plus à faire
de la pensée cartésienne la grande source de la philosophie moderne.
Quant aux métaphysiciens et analystes anglais, leur rôle se précise avec
Kant et les philosophes post-kantiens. N'oublions pas que le grand
homme de la philosophie allemande, Emmanuel Kant, était, comme
Beethoven, un métèque. Le grand-père du criticiste de la raison pure
était un Ecossais immigré établi d'abord à Memel, puis à Tilsit. Il s'ap-
pelait Cant, nom qui n'est pas rare dans le nord de l'Ecosse, « et ce
n'est peut-être pas pure fantaisie de reconnaître dans plusieurs des
doctrines morales de la philosophie critique et dans le caractère personnel de son auteur quelques-uns des traits les plus remarquables de la
nationalité écossaise » *(Encyclopædia Britannica)*. C'est le philosophe
lui-même qui changea son nom patronymique en celui de Kant, pour
en faciliter la prononciation aux Allemands. On connaît, d'autre part,
l'impulsion donnée à la pensée du philosophe de Königsberg par les
théories métaphysiques de Hume. « Ce fut Hume, dit Kant, qui le premier interrompit mon assoupissement dogmatique et donna à mes recherches, dans le champ de la philosophie spéculative, une orientation nouvelle. » (Cf. *Prolégomènes de toute métaphysique*, préface et § 14-30.)

diverses constatations que nous avons faites : y a-t-il
un style allemand ? y a-t-il une culture allemande ?

Nietzsche qui, en sa double qualité de philosophe
et de musicien, aurait dû être porté à l'indulgence,
Nietzsche dit non : « Avec ce genre de « culture »,
qui n'est en somme qu'une flegmatique insensibilité
à l'égard de la culture, on ne peut pas vaincre des
ennemis, du moins des ennemis comme les Français
qui possèdent, eux, une véritable culture productive
et que, jusqu'à présent, nous avons imités en tout,
généralement avec beaucoup de maladresse. Si nous
avions vraiment cessé de les imiter, il ne s'en sui-
vrait pas que nous les avons vaincus, mais ce serait
seulement une preuve que nous nous sommes déli-
vrés d'eux : ce n'est qu'au cas où nous leur aurions
imposé une culture allemande originale qu'il pourrait
être question du triomphe de cette culture allemande.
Or, jusqu'à présent, il n'existe pas de culture allemande originale[1]. »

Je serai moins sévère et moins affirmatif que
Nietzsche, et en considération du véritable génie —
ici le mot n'est pas de trop — que mettent les Allemands à imiter les cultures étrangères, de l'art extraordinaire avec lequel ils savent en appliquer les
fruits à leur propre puissance, à leur propre grandeur, à leur propre gloire, du noble usage qu'ils en
font et de l'ardent désir qu'ils manifestent d'en ré-
pandre les bienfaits, ainsi germanisés, sur le monde,

---

[1] *Considérations inactuelles, David Strauss*, § 1.

— enfin pour ne pas risquer de déplaire à mes compatriotes, — je consentirai, pour ma part, à accorder aux Allemands une culture, à la condition toutefois qu'on continue à l'écrire avec un K.

———

LES CAHIERS VAUDOIS

ont publié dans leur première série :

en mars, 1914 :
    C.-F. Ramuz, **Raison d'être**, un cahier de
    64 pages (épuisé), mis en vente à   3 fr.

en avril :
    Opinions et rubriques, un cahier de 112 pages
    mis en vente à   2 fr.

en mai :
    René Morax, **Tell**, drame avec chœurs, un
    cahier de 166 pages, mis en vente à   3 fr.

en juin, hors série :
    Quatre images, gravées sur bois par *Henry
    Bischoff*, dans un cartonnage spécial, 20 fr.

en juillet :
    Alexandre Cingria, **La République de Ge-
    nève**, un cahier de 130 pages, à   3 fr.

en juillet, hors série :
    C.-F. Ramuz, **Adieu à beaucoup de person-
    nages**, un volume de 140 pages, à   3 fr.

en juillet :
    Par le pays, un cahier de 104 pages, à 2 fr.

en septembre :
    Pierre-Louis Matthey, **Seize à vingt**, poé-
    sies, un cahier de 96 pages, à   3 fr.

en octobre :
    Chansons, vers de *C.-F. Ramuz ;* bois de *Henry
    Bischoff*, un cahier de 48 pages, à   1 fr.

en novembre :
    D'avant la guerre, un cahier de 92 pages,
    mis en vente à   2 fr.

en décembre :
    Maurice Baud, **Propos licites de l'Actualité
    politique**, un cahier de 43 pages, mis en
    vente à   0 fr. 75

en janvier 1915 :
    Louvain-Reims, un cahier de 70 pages, mis
    en vente à   1 fr.

en février :
    Propos de Paix et de Guerre, un cahier de
    94 pages (épuisé), mis en vente à   1 fr.

en mars, hors série :
    Louvain-Reims II, un volume de 156 pages,
    mis en vente à   1 fr.

en avril :
    Louis Dumur, **Culture française et culture
    allemande**, un cahier de 60 pages, à 1 fr.

Les Cahiers Vaudois

paraissent par *séries* de cahiers, de nombre et d'épaisseur variables, mais formant un total d'au moins soixante-quinze feuilles (1200 pages) d'impression.

On s'abonne à la série.

Les Cahiers Vaudois publient *hors série* (édition

des *Cahiers Vaudois*) des ouvrages artistiques : estampes, dessins, musique, et des ouvrages littéraires, qu'ils offrent à leurs abonnés à des conditions de souscription particulièrement favorables.

Les Cahiers Vaudois organisent diverses manifes-

tations : conférences, expositions, représentations théâtrales, pour lesquelles leurs abonnés disposent d'entrées de faveur ou à prix réduit.

PRIX D'ABONNEMENT

Suisse et France :   Fr. 18. —
Autres pays :   Fr. 25. —

Directeurs : MM. Edmond GILLIARD et Paul BUDRY.
Administrateur : M. Constant TARIN,
          Petit-Chêne-Richemont Lausanne.

Les *Cahiers Vaudois* sont en dépôt :
à Lausanne : Librairie Tarin, Petit-Chêne.
à Paris : Librairie G. Crès & Cⁱᵉ, Boulev. St-Germain.

www.ingramcontent.com/pod-product-compliance
Lightning Source LLC
Chambersburg PA
CBHW051721070726
47594CB00018B/1222